MONOGRAPHIE

DU

DOMAINE DE SIGY,

PAR

M. MARC DE HAUT,

MEMBRE DE LA SOCIÉTÉ DES AGRICULTEURS DE FRANCE.

(*Extrait du Bulletin des Sciences économiques et sociales*, 1885.)

PARIS.

IMPRIMERIE NATIONALE.

M DCCC LXXXVI.

MONOGRAPHIE

DU

DOMAINE DE SIGY.

MONOGRAPHIE

DU

DOMAINE DE SIGY,

PAR

M. MARC DE HAUT,

MEMBRE DE LA SOCIÉTÉ DES AGRICULTEURS DE FRANCE.

(Extrait du *Bulletin des Sciences économiques et sociales*, 1885.)

PARIS.

IMPRIMERIE NATIONALE.

M DCCC LXXXVI.

MONOGRAPHIE

DU

DOMAINE DE SIGY.

Dans le programme des sujets d'étude recommandés par la section des sciences économiques et sociales du Comité des travaux historiques et scientifiques, pour le congrès de 1885, nous trouvons en première ligne : *Histoire d'un domaine rural*. Nous allons essayer de présenter celle du domaine de Sigy, en nous conformant à l'ordre des questions indiquées par ce programme et à la recommandation d'exclure toute considération en dehors de la simple exposition des faits.

Les sources où nous avons puisé les renseignements qui vont suivre, sont les archives de ce domaine de Sigy qui ont passé entre nos mains et qui remontent à l'an 1312. Ces archives, soigneusement cachées pendant la Révolution, sont encore complètes. L'enfouissement qu'elles ont subi pendant plusieurs années a pu altérer et oblitérer, parmi les pièces les plus anciennes, celles qui n'étaient écrites que sur papier; les parchemins sont généralement intacts. Heureusement, pour remédier aux lacunes partielles que nous venons de signaler, il existe un inventaire analytique complet de chacune des pièces, dressé en 1742, et qui aurait pu à lui seul suppléer l'ensemble des archives : cet inventaire est d'une conservation parfaite.

Dans les nombreuses pièces que nous aurons à citer, nous rencontrerons souvent des mesures anciennes, soit comme étendue, soit comme capacité; nous indiquerons ici, une fois pour toutes, leur relation avec nos mesures légales. L'arpent = 42 ares 21 centiares, la perche = 42 centiares. Le septier de grain = 160 litres, le bichet = 20 litres.

§ I. — ÉTAT ACTUEL DU DOMAINE.

Le domaine de Sigy est situé dans la commune de ce nom, canton de

Donnemarie-en-Montois, arrondissement de Provins, département de Seine-et-Marne. Son étendue actuelle est d'environ 320 hectares, dont 120 hectares en bois et 200 hectares en terres labourables et prés. Ces terres et prés sont exploités par deux fermes de contenance inégale, et par plusieurs locations en détail. Les deux fermes sont pourvues de bâtiments largement suffisants; les locations de détail ne sont accompagnées d'aucun bâtiment. Les cultures sont celles des céréales, des prairies artificielles, des betteraves, des pommes de terre et des autres légumes en très petite quantité. Le bétail consiste en vaches et moutons; la race bovine domine.

§ II. — FORMATION ET HISTOIRE DU DOMAINE.

Le premier document que nous avons entre les mains, daté de l'an 1312 le dimanche avant la Saint-Martin, apprend que le domaine de Sigy appartenait à cette époque à Henry de Bailly, lequel le donne en échange à Jean de Boissy. Voici les termes dans lesquels sont énoncés les objets donnés en échange: «Tous les héritaiges, cens, rentes, que icelui avait en la ville de Sigy où environ et appartenances, en la chatellénie de Bray, assise en divers lieux et en diverses pièces, à savoir: le manoir de Sigy, fossez, jardin, cave dedans, marais, aulnoys, prez, bois, terres, cens et rentes, haute et basse justice et autres dépendances.»

Les contenances de chaque pièce ne sont pas indiquées, non plus que la contenance totale, et, naturellement, comme il s'agit d'un échange, il n'y a pas d'estimation.

Le domaine passe de Jean de Boissy à Émery de Boissy, son fils, lequel avait pour épouse dame Catherine de Chaufourt. A la mort d'Émery de Boissy intervient un partage, en date du 4 juin 1361, entre ses trois enfants, savoir: Étienne de Boissy, dame Isabelle de Boissy, épouse du sire Jean de Noëz, et damoiselle Jeanne de Boissy. Dans ce partage, le domaine de Sigy est échu audit seigneur de Noëz et Isabelle de Boissy, sa femme, et l'acte porte la description suivante:

«Lesdits Jean de Noëz et damoiselle Isabelle sa femme auront et posséderont par ce présent héritaige et partage paternel pour ladite damoiselle Isabelle et pour ses hoirs et pour ceux qui d'elle auraient cause, tous les héritaiges, rentes, fiefs et possessions qui s'en suivent:

«Premièrement. La maison de Sigy et tous les fossez et le colombier, si comme tout se comporte, prisé tout 100 sols par an. Item la cave attenant le jardin, qui fut prisée 20 sols par an. Item environ demi-arpent d'aisance séant devant ledit colombier sur la fontaine prisé 10 sols par an. Item toutes les terres gaignables appendant et appartenant à ladite maison de Sigy, qui montent à 75 arpents 1/2, prisé chascun arpent 5 sols l'un par an, valent 18 livres 15 sols par an. Item environ 14 arpents de bruyère, où on ne laboure pas, prisé chascun arpent 6 deniers, valent 7 sols. Item environ 5 arpents 1/4 de prez seant entre l'hostel de Sigy et les gains de Jehan la Quaille, prisé chascun arpent 12 sols, valent 63 sols par an. Item en la Glesière de Volangy environ 1 arpent 1/2, prisé l'arpent 8 sols, valent 12 sols par an. Item la moitié de toutes les vignes qui sont assises devant l'hostel de Sigy qui montent toutes à 7 arpents, dont pour ladite moitié 3 arpents 1/2, prisé chascun arpent 10 sols, valent iceulx 3 arpents 1/2 35 sols par an. Item la justice haute, basse et moyenne de Sigy et de toutes autres justices quelconques que ledit feu sieur Émery avait, tenait et possédait, pendant qu'il vivait, en quelque lieu que ce fût ou ce peut être, appendu et appartenant à ladite maison de Sigy, prisé tout 66 sols par an. Item 103 arpents de bois, prisé l'arpent 8 sols, valent 24 sols par an. Item 5 arpents 1/2 d'aulnoys à l'aisance de la maison de Sigy, prisé l'arpent 10 sols, valent 50 sols par an. Item ung fief que Mme Anne de Moulin Double tenait appendant à la maison de Sigy prisé 25 sols par an. »

La terre de Sigy sort des mains de Jean de Noez en 1381. Nous trouvons en effet, à la date du 24 février de cette année, le contrat de vente par lequel Jean de Noez cède ce domaine à Jean de Grattepense.

Cet acte fournit pour la première fois une appréciation en argent de la valeur capitale du domaine : en effet, la vente est faite moyennant 300 francs d'or.

Ce prix s'applique à la masse des objets vendus que l'on peut résumer ainsi : justice haute, moyenne et basse, l'hostel, et une contenance totale de 99 arpents en 25 pièces. Nous avons vu que ce même ensemble, formant dans le partage de 1361 le lot attribué à Jean de Noez et à sa femme Isabelle de Boissy, avait été estimé, en revenu, à la somme totale de 58 livres 18 sols.

On peut, à titre de renseignements, constater que, par le même acte, le même Jean de Noez, agissant par procuration de la dame Catherine de Chaufourt son ayeule, vend au même Jean de Grattepense, outre le domaine de Sigy, 32 arpents 50 perches sur la paroisse de Lizine, la justice dudit Lizine 180 sols de rente et cens et quelques redevances en nature toujours sur Lizine. Ce domaine est également vendu moyennant 300 francs d'or.

Jean de Grattepense mourut en 1404 ; il avait réuni depuis son acquisition de 1381 différentes pièces sur Sigy et notamment 7 arpents de vignes qui, dans le partage de 1361, avaient été attribués à Jehanne de Boissy, laquelle avait épousé Pierre Bonneaventure ; cette acquisition est faite moyennant 16 francs d'or au coin du roi.

Le 31 décembre 1405, les héritiers de Jean de Grattepense, au nombre de quatre, procèdent à la division de la seigneurie de Sigy et de ses dépendances. Parmi ces héritiers se trouvait, comme fille aînée, Marion de Grattepense, épouse de Giles Berthe, et aussi Catherine de Grattepense, épouse de Jean de Poissy. Les deux autres enfants mineurs étaient Olivier et Jeannette de Grattepense.

Ce partage procède d'une façon assez étrange : il y avait quatre héritiers, deux majeurs et deux mineurs. Le partage ne fait que deux lots, et joint les héritiers deux par deux, l'un majeur et l'autre mineur, lesquels resteront dans l'indivision entre eux ; ceci établi, chaque lot se compose d'une moitié de chacun des bâtiments et de la moitié de chacune des pièces de terre.

Cette bizarre combinaison pouvait amener la destruction du domaine à brève échéance ; il n'en fut pas ainsi, car deux mois après, le 18 février 1406, nous voyons Jean de Poissy, l'un des copartageants, échanger sa part de la terre de Sigy à Giles Berthe, autre copartageant, contre des biens en Gâtinais.

Le 26 février 1419, Olivier de Grattepense, autre copartageant, fait donation audit Giles Berthe de la somme de rente qu'il avait droit sur Sigy.

Jeannette de Grattepense, quatrième copartageant dans la succession de Jean de Grattepense, avait vendu à Olivier, son frère, 12 livres 10 sols de rente qu'elle avait sur la terre de Sigy, mais paraît avoir conservé d'autres droits dont nous la verrons disposer plus tard.

En 1433, Giles Berthe, fils de celui dont il est parlé plus haut, se trouvait ainsi avoir réuni sinon la totalité, du moins la très grande partie du domaine de Sigy. Il le vend le 16 octobre 1433 à Thomas Gérard, escuyer, seigneur de Paroy, capitaine de Provins et de Montereau, moyennant huit vingt quinze livres (ce Thomas Gérard commandait les forces des Anglais, dans tout ce pays). L'acte contient la description détaillée qui suit de tout ce qui constituait alors le domaine.

« Premièrement, la place et les masures de Sigy, où naguerre soulait avoir chastel forteresse, enclos de murs, avec les fossez à eau qui sont autour et à l'environ d'icelle place, contenant tout ou environ 1 arpent de terre deffinit cy après si comme tout le lieu le comporte et s'extend de toutes parts. Item ung jardin enclos de fossez contenant 1 arpent ou environ près et séant devant la dite place. Item toute la justice et seigneurie appartenant et appendant au dit chastel. Item 4 arpents de terre en une pièce. Item au dit lieu de Sigy 11 arpents de terre en une pièce. Item une autre pièce de 5 arpents de terre au lieu dit Valery. Item 8 arpents que vignes que terres qui sont en friche séant en ce dit lieu. Item 20 arpents d'aulnoys. Item environ 6 arpents de prez en une pièce. Item une pièce de terre appelée la croix aux Marneux contenant 3 arpents. Item une pièce appelée la pointe contenant 5 quartiers. Item environ 16 arpents de terre. Item 7 arpents de terre. Item 11 arpents de terre. Item 2 arpents. Item 3 quartiers. Item 6 arpents. Item 5 arpents de terre. Item 15 arpents de prez. Item 1 arpent.

Item 5 quartiers de boys. Tous les quelles places, masures, justices, seigneuries, terres, prez, boys, héritaiges et possessions dessus dits et déclarés sont tenus en fief des hoirs où ayant cause feu messire Guillaume du Plessy, chevalier a cause du chastel appelé Plessy messire Guillaume. Item une pièce de terre contenant 5 arpents qui est tenue en fief des hoirs feu Jehan Pesloe. Item environ 7 quartiers que prez que aulnoys, séant es gros prez de Thenizy, et mouvant de la censive que la seigneurie de S' Martin de Tours ont au dit lieu de Donnemarie à 2 deniers tournois sans autre charge. Il est assuré que dans cette présente vendition ne sont pas compris ni déclarés omis 8 arpents de terre que le dit feu Berthe père dudit vendeur acquiesta de son vivant, mouvant de la censive du dit Sigy et les quels les avait précédemment vendus et transportés à Jean Pionnier. » La contenance totale du domaine qui, dans l'acte du 24 février 1381, était indiquée 99 arpents, apparaît dans cet acte de 1433 pour 140 arpents.

Il faut remarquer ici que cet acte de vente, ainsi que ceux qui vont suivre, trouvent leur explication dans les événements de guerre qui se passaient alors entre les Anglais et les Français. Ces actes révèlent que, de part et d'autre, la guerre prenait un véritable caractère de conquête territoriale.

On voit, à la suite de chaque succès, les capitaines des armées victorieuses imposer aux vaincus la cession d'un certain nombre de seigneuries. Les uns y mettent plus de façon que les autres. Ainsi, à la suite de la prise de Provins, Thomas Gérard procède par vente, comme nous le voyons.

Le prix de huit vingt quinze livres fut-il jamais payé à Giles Berthe? Il est permis d'en douter; en tout cas, il est dérisoire. S'il était sérieux, il faudrait en conclure une effrayante diminution dans la valeur des terres, puisque nous voyons vendue, moyennant 175 livres, la totalité d'un domaine de 140 arpents, estimé, en 1381, 300 francs d'or pour une contenance de 99 arpents. Nous allons voir tout à l'heure le même Thomas Gérard, vaincu à Montereau, signer, le jour même de la capitulation, la donation pure et simple de la terre de Sigy à Denys de Chailly, son vainqueur.

Avant que la victoire lui permît de saisir effectivement le domaine de Sigy, Denys de Chailly se l'était fait attribuer par le roi Charles VII. Nous trouvons en effet, à la date du 4 février 1434, des lettres patentes rendues à Poitiers, par lesquelles Charles, roi de France, fait donation « à Denys, seigneur de Chailly, chevalier, son conseiller et chambellan, des terres, places et seigneuries de Sigy et Paroy, leurs appartenances et dépendances acquis au pays de Brie par Thomas Gérard, Anglais natif du royaume d'Angleterre, qui depuis longtemps a porté et porte guerre de jour en jour au dit seigneur roy, ses pays et sujets, acquis au roy par confiscation contre le dit Gérard (Gérard avait sans doute négligé de rendre foi et hommage), pour en faire disposer, ses hoirs et ayant cause, comme de leur propre chose, pour récompense de ses grands services et frais pour recouvrance de plusieurs villes et châteaux que occupaient les Anglais ennemis ».

Les lettres de donation sont enregistrées au Chastelet de Paris le 28 avril 1437, et à la Chambre des comptes le lendemain 29.

Le 18 septembre de la même année, à la suite, comme nous l'avons dit, de la prise de Montereau, Thomas Gérard signe un acte de donation à Denys de Chailly, non seulement du domaine de Sigy, mais encore d'un très grand nombre de terres acquises en divers lieux.

L'acte se termine par la mention suivante : « et généralement tous autres héritaiges quelconques qu'il a et peut avoir es pays de Champagne, Brie et Gatinois ». Cette pièce curieuse et historique figure en original avec la signature de Thomas Gérard aux archives de Sigy.

Le 31 octobre de la même année, Denys de Chailly fait confirmer et ratifier, par Giles Berthe, la vente faite par lui à Thomas Gérard. L'acte contient en outre vente, au même Denys de Chailly, de 26 arpents environ de prés et bois appartenant audit Berthe, moyennant 20 liv. 10 sols. Enfin, pour confirmer son acquisition, Denys de Chailly rend foi et hommage au seigneur de Bray, d'où relevait en arrière-fief la seigneurie de Sigy. L'acte, en date du 29 juillet 1438, porte en outre quittance de 10 écus d'or pour droit de quint et requint et rachat, dus pour l'acquisition dudit Sigy par ledit Gérard dudit Berthe et donation au seigneur de Chailly. Nous avons vu que Jeannette de Grattepense avait conservé une partie des droits que lui avait attribués, sur le domaine de Sigy, le partage de 1405. Denys de Chailly se rend acquéreur de la généralité de ces droits de toute nature, moyennant 6 écus d'or à la couronne, suivant acte du 26 janvier 1442.

Denys de Chailly conserva-t-il longtemps la totalité des terres dont Charles VII lui avait fait don et qu'il s'était fait donner en même temps par Thomas Gérard? C'est ce que nous ne pouvons dire. Nous trouvons seulement que, le 13 août 1445, il vend la terre et seigneurie de Sigy à l'un des capitaines qui servaient sous ses ordres : noble homme Antoine du Roux, escuyer, bailly de Cordes en Albigeois, lequel était en même temps échanson du roi Charles VII. L'acte passé le 14 août 1445 devant Me Adam Clément, notaire à Provins, porte la description suivante de la seigneurie vendue, laquelle correspond assez exactement à celle que nous avons trouvée plus haut dans le partage de la succession de messire Émery de Boissy :

« Consistant en un hostel fort, clos de murs et palis, avec des fossez à l'eau autour, flanqué de quatre petites tours au quatre coings, ainsi que le lieu et place d'icelui situé en pays de Brie, près Paroy et de Donnemarie en Montois, nommé ou appelé Sigy : avec la seigneurie du dit lieu, la justice haute, moyenne et basse, cens, fiefs, arrière-fiefs, rentes, revenus, et droits, et tous les jardins, terres, prez, bois, vignes, aulnoys, saussois, et buissons en dépendant et dont est faite déclaration par détail, mouvant en fief du Plessis messire Guillaume. Item et avec un lieu où soulait avoir manoir nommé Abloy et environ 6o ou 8o arpents de terres dépendant du dit lieu, 3 arpents de prez à deux herbes nommé les Gains au moulin de Menost, 25 arpents de bois, 12 sols de menus cens, justice haute, moyenne' et basse, le tout mouvant en fief de Geodefroy de S' Phaalle ou de sa femme. Item un hostel à Servigny assis près du dit Sigy, avec environ 4o arpents en plusieurs pièces, jardin à l'entour le dit hostel et 5 arpents de prez d'une pièce sise près les prez nommés de Provins, joignant les prez l'abbé de S' Pierre le Vif; 3 quartiers de prez assis aux faux champs près d'icelle. Mouvant, partie des héritaiges en censive, et partie en fief des seigneurs dont ils peuvent mouvoir. Cette vente faite moyennant 63o livres tournois et le dit seigneur de Chailly fut obligé d'acquitter le dit seigneur du Roux de tous droits seigneuriaux et féodaux de quint et requint et autres droits envers les seigneurs dont sont mouvant les dits biens. »

La possession d'Antoine du Roux fut presque immédiatement troublée par un événement quelque peu romanesque, dont les détails curieux pourraient être le sujet d'un mémoire présenté à la section historique, mais doivent rester en dehors d'une communication faite à la grave section des sciences économiques et sociales.

Disons seulement que, le 3 novembre 1448, interviennent de nouvelles lettres patentes du roi Charles VII, qui fait donation de la terre de Sigy à Jeanne de la Beauderie, pauvre damoiselle, veuve Thomas Waccaire, en son vivant escuyer, chargée de deux petits enfants, et dont les aventures sont longuement exposées dans la supplique jointe aux lettres patentes. Il y était expliqué que ladite damoiselle, âgée de dix ans, s'était trouvée enfermée dans le château de Paroy pendant le siège qu'en fit Thomas Gérard; qu'après la prise d'assaut du château, le vainqueur l'avait emmenée prisonnière et conservée auprès de lui à Montereau; qu'il lui avait fait épouser plus tard un de ses capitaines nommé Thomas Waccaire dont elle avait eu deux enfants; que, celui-ci étant mort, elle désirait rentrer dans le parti du roi; qu'au moment de son mariage, Thomas Gérard lui avait fait don de la terre de Sigy par lettres passées devant un nommé Tartarin, tabellion juré à Montereau, mais que la grosse desdites lettres avait été égarée par elle. On produisait une attestation dudit Thomas Gérard, affirmant l'existence de la donation et expliquant «que ce fut fait, afin que la dite damoiselle puisse avoir récompensation de certaines offenses, déplaisirs, et dommages, que le dit escuyer disait avoir fait durant la guerre, tant à la dite damoiselle qu'à la damoiselle Isabelle de Coigny, sa mère». Mais l'acte ne se retrouvait toujours pas.

Antoine du Roux, troublé dans sa possession, appelle en garantie Denys

de Chailly, et un procès long et accidenté se développe pendant trois ans.
Il est enfin terminé par une transaction en date du 15 mars 1451, par
laquelle ladite damoiselle de la Beauderie cède à Denys de Chailly tous les
droits qu'elle avait et pouvait prétendre sur la terre de Sigy, moyennant
3o écus que ledit seigneur, de sa grâce et convoitise, comme non tenu à
ce faire, a donné en pitié à ladite demoiselle, pour aucunement lui aider
à supporter les frais, dépens, dommages et intérêts qu'elle a eus et faits
en faisant la poursuite dudit procès.

Antoine du Roux se trouve ainsi confirmé dans la propriété du domaine
de Sigy, qui reste dans la famille et se transmet héréditairement en ligne
directe de mâle en mâle jusqu'en 1847, et collatéralement jusqu'à ce jour;
cependant Sigy était situé dans le ressort de la coutume de Meaux, où le
droit d'aînesse n'avait que des effets insignifiants.

La série des actes qui ont passé entre nos mains nous montre le domaine constamment accru par des acquisitions successives, et maintenu à
chaque génération par des partages qui attribuent le domaine de Sigy à
l'aîné des enfants, et aux autres soit des soultes, soit surtout des im-
meubles provenant des successions maternelles.

Il serait trop long de donner le détail de toutes ces acquisitions et de
tous ces partages; nous citerons seulement, à titre d'originalité, un acte du
4 août 1489, par lequel Claude du Roux, sœur de Jean, lui vend sa part
dans la succession d'Antoine du Roux, leur père, moyennant 520 livres et
un cheval noir. Quant aux acquisitions, il suffira d'indiquer les plus importantes qui, étant restées incorporées au domaine, font par conséquent
partie de son histoire.

Dans cet ordre d'idées, nous trouvons, à la date du 5 avril 1438, acquisition par Antoine du Roux de tous les biens qui, dans le partage de 1381,
avaient été attribués à Jeanne de Boissy, épouse de Pierre Bonaventure.

A la date du 17 octobre 1451, un contrat d'échange entre Antoine du
Roux et damoiselle Simonne Debroys, veuve de Godefroy de Saint-Phalle et
Jean de Saint-Phalle, son fils, par lequel ladite dame cède à titre d'échange
audit sieur du Roux, et contre 22 livres de rente, l'hostel seigneurie, justice, terres, bois, fiefs, arrière-fiefs, cens, rentes, et autres appartenances
qu'elle a de son propre séant à Sigy, appelé le petit hostel.

Le petit Sigy ainsi acquis ne doit pas être confondu avec le grand Sigy
dont il est question ci-dessus, car il résulte de la série des aveux et dénombrements consignés aux archives, que le grand Sigy relevait de la châtel-
lenie de Bray, tandis que le petit Sigy relevait de la seigneurie de Paroy.
L'acte d'échange du 17 octobre 1451 ne s'explique pas sur la contenance
des objets cédés.

A la date du 5 juillet 1448, acquisition par Antoine du Roux, de Adam
de Rosny, de 12 à 13 arpents de terre en une pièce dite les Rosoy, moyennant 4 livres tournois monnaie courante.

A la date du 21 mai 1452, contrat d'acquisition de la seigneurie et maison d'Abloy par Antoine du Roux, de Christophe Paillart et de dame Catherine Fanneche, sa femme, consistant en maison, 3 arpents de bois, 7 arpents de prez, 90 arpents de terre, 30 sols de cens, et le moulin de Menost en ruine, haute, moyenne et basse justice, moyennant 60 livres d'argent et 10 livres de rente, laquelle rente est rachetable par l'acquéreur moyennant 100 livres. La seigneurie d'Abloy relevait comme le petit Sigy de la seigneurie de Paroy.

Ce domaine d'Abloy se trouvait déjà compris dans l'énumération des biens vendus à Antoine du Roux par Denys de Chailly en 1445. On peut croire qu'au milieu des désordres de cette époque malheureuse, les droits des propriétaires devaient être quelque peu obscurs et les possessions troublées. Il n'est donc pas étonnant de voir le même domaine d'Abloy acheté deux fois par la même personne, pour s'en assurer une possession incontestée.

A la date du 17 juin 1496, acquisition par Jean du Roux, de noble homme Antoine Ducléon et de Marie de Saint-Phalle, son épouse, des fiefs des Essarts et des chanots consistant en 9 ou 10 arpents en une pièce, produisant 3 septiers de froment, 4 bichets d'avoine et 2 deniers de cens, mouvant du petit Sigy, moyennant 85 livres.

A la date du 5 octobre 1607, contrat d'acquisition par Antoine du Roux, de demoiselle Marie Bardeau, épouse de Girard de Novion, du fief et seigneurie de la Bourbetière, mouvant du petit hôtel de Sigy, ensemble de la ferme et métairie de Chollot d'une contenance de 65 arpents, moyennant 3,600 livres.

En dehors de ces réunions importantes, on trouve une série de petites acquisitions faites de divers propriétaires, en général paysans, au moyen desquelles le domaine s'agrandit et s'arrondit continuellement.

Il serait fastidieux de mentionner ces actes par centaines. Nous ne ferons qu'une remarque, c'est que la contenance moyenne de ces pièces ne dépasse pas vingt ares : ce qui confirme nos observations consignées dans notre mémoire de l'année dernière sur le morcellement séculaire de la terre en France.

Le domaine restait toujours dans la même famille et passa de père en fils pendant dix générations; ces propriétaires successifs sont :

Antoine du Roux, acquéreur de Denys de Chailly, épouse Denyse de Tichecourt.

Jean du Roux, épouse Catherine de Brichanteau, suivant contrat en date du 16 mai 1490.

Louis du Roux, épouse Edmée de Chaumont, suivant contrat en date du 17 janvier 1534.

Jean du Roux, deuxième du nom, député de la noblesse aux États de Blois de 1576 (on peut lire dans les mémoires de Claude Hatton le détail des scènes curieuses auxquelles donna lieu son élection), épouse Marguerite de Tournebœuf, suivant contrat du 27 avril 1572.

Antoine du Roux, deuxième du nom, épouse Françoise de Pied de Fer, suivant contrat du 9 octobre 1601.

Jean du Roux, troisième du nom, épouse Françoise de Mascrani, suivant contrat du 30 septembre 1646.

Armand Herménégilde du Roux, épouse Magdelaine de Vassan, suivant contrat du 29 janvier 1690.

François-Emmanuel du Roux, épouse Gabrielle de Chauvelain, suivant contrat des 13 et 14 janvier 1726.

Louis-René-Emmanuel du Roux, épouse Marguerite des Roches Herpin, suivant contrat du 28 mars 1757.

Frédéric-Auguste René du Roux, né le 16 mars 1762, mort le 28 juin 1847.

C'est pendant la longue existence de René du Roux de Sigy que le domaine eut à traverser la crise révolutionnaire dont nous avons à nous occuper maintenant.

Le propriétaire avait émigré, la confiscation du domaine de Sigy avait été en conséquence prononcée : il fut procédé aux ventes, et les adjudications se succédèrent de l'an II à l'an IV. On peut les résumer ainsi : 28 adjudications de petits lots, presque tous de 100 perches (33 ares); le prix de chacun d'eux varie de 1,230 à 500 francs.

La ferme de Chollot avec 90 arpents de terre est adjugée pour 41,000 fr. Le moulin de Valery avec 28 arpents de terre est adjugé moyennant 129,100 francs. Enfin, le château et les dépendances avec le surplus des terres, prés, vignes et aulnaies est vendu sur soumission et sans adjudication moyennant 87,300 francs. Cette dernière vente est du 21 thermidor an IV.

Il ne faut pas perdre de vue, en ce qui concerne la valeur, que tous ces prix sont payables en assignats.

Les bois d'une contenance de 120 hectares ne sont pas vendus et restent réunis au domaine de l'État.

Le domaine de Sigy semblait donc avoir complètement disparu.

A la rentrée de l'émigration, la reconstitution du domaine se fait de la manière suivante : le château et les 200 arpents de terre vendus en l'an IV avaient été acquis par un prête-nom, le sieur Divoire qui en fait la restitution.

Les bois, en vertu des décrets du premier consul, sont rendus au propriétaire. La ferme de Chollot est rachetée le 14 mars 1807, moyennant 8,243 francs. Le moulin de Valery et ses dépendances est racheté le 15 frimaire an XIII, moyennant la somme de 8,000 fr. Quant aux 28 lots vendus en détail, ils ont été en partie rachetés successivement, mais à de longs intervalles et à des prix considérables. Ceux qui ne l'ont pas été sont en très petit nombre et constituent des pièces isolées.

René du Roux de Sigy, ayant ainsi reconstitué son domaine, continua le système de ses prédécesseurs, d'agrandissement et d'agglomération. Parmi ses nombreuses acquisitions, nous n'en signalerons que deux plus importantes que les autres. L'an 1821, on procède à la vente en détail du domaine de Paroy, dont nous avons vu plus haut que relevaient le petit Sigy, le domaine d'Abloy, et quelques autres terres du domaine de Sigy. Dans cette vente, une contenance de 40 hectares contiguë au domaine de Sigy y est réunie moyennant un prix de 60,000 francs.

En 1837, une grande ferme de la commune de Luisetaines, également contiguë à Sigy, est encore vendue en détail. Une pièce de 15 hectares est acquise moyennant 30,000 francs et réunie à Sigy.

En 1847, Renée du Roux de Sigy meurt à l'âge de 84 ans et laisse pour héritier par son testament un neveu, petit-fils de sa sœur :

Ille meas errare boves, ut cernis, et ipsum
Ludere quæ vellem calamo permisit agresti.

A la mort de René du Roux de Sigy, le domaine de Sigy consistait en 320 hectares, tant terres que prés et bois. Il n'a pas diminué depuis.

§ III. — Baux et système d'amodiation et d'exploitation.

Le domaine de Sigy, ainsi que nous l'avons dit, a toujours été exploité en partie directement par les propriétaires. Nous exposerons ci-après, d'après des papiers privés et des inventaires, la situation de cette exploitation à diverses époques. Une partie du domaine était en outre louée en roture, une troisième partie était l'objet de baux à cens et rentes seigneuriales avec redevances fixes. Nous nous occuperons d'abord de cette dernière catégorie.

Par acte de 1481, Jean du Roux donne à bail à cens et rente 42 arpents de terre au-dessus de Valery, moyennant 4 septiers de froment, 1 septier de seigle, 1 septier d'orge et un bichet de pois; le tenancier est Pierre Joly, laboureur à Cuterelles.

En 1498, les mêmes terres portées à 46 arpents sont louées à Perrin Jolly, moyennant 5 septiers de froment et un septier de seigle, 1 septier de noix et 1 septier de pois.

En 1524, titre nouvel est passé de la même rente.

Le fief des Chanots consistant en une pièce de terre séant à Cuterelles, contenant 6 arpents de terre et 1 arpent et demi de bois (3 hectares environ), est donné à cens et rente, moyennant une redevance de 3 septiers de froment et 4 bichets d'avoine et 3 deniers de cens par chacun arpent, payable par chacun an. Cet acte est de 1488. Nous trouvons une série d'actes portant titre nouvel pendant plusieurs siècles.

Le fief de Rosoy consistant en 13 arpents de terre à Luisetaines est donné à cens et rente à Dengsot Nourry, demeurant à Luisetaines, moyennant 2 septiers de froment, 1 septier d'avoine et 5 deniers de censive. Acte de 1458. Les actes de titre nouvel établissent encore la permanence dudit bail.

Une maison à Sigy, dite maison du jeu de paume, sise sur la place, est donnée par bail à rente non rachetable à Jacques Dumont, moyennant 24 livres de cens et rente annuelle et perpétuelle.

3 arpents de prez aulnais, au finage de Valery, sont donnés à cens et rente à six tenanciers, chacun pour un demi-arpent, moyennant pour chaque demi-arpent 1 denier de cens et une poule de rente perpétuelle. Cet acte est de 1455.

1 arpent de vieux prez sis au finage de la croix d'Abloy est donné à cens et rente à Pierre Joly, moyennant 2 deniers de cens plus 14 sols et une poule de sur cens. Acte de 1490.

4 arpents de prez sis à Valery sont donnés à cens et rente à Guillaume Pionnier, moyennant 8 deniers de cens plus 4 poules et 30 sols tournois de sur cens. Bail de 1493.

1 arpent de prez, au lieu dit les Appetits, est donné à cens et rente à Claude Joly, Jean Joly et Fiacre Pitié, vignerons à Cuterelles, moyennant 14 sols et 2 deniers, plus une poule de cens et rente. Ce bail est de 1533. Nous trouvons un titre nouvel de ladite rente en 1680.

30 perches de vigne aux Essarts sont données à cens et rente à Perrin Mulet, vigneron à Luisetaines, moyennant un quinzin de vin vermeil et 1 denier de cens. Bail de 1546.

32 perches de vigne en pleux au finage des Rozoy sont données à cens et rente à Léger Phalles, vigneron à Luisetaines, moyennant 6 sols 6 deniers de rente rachetable. Bail de 1624.

8 perches de pleux sises aux Essarts sont données à cens et rente à Léger Phalles, moyennant 1 denier de cens et 2 sols 6 deniers de rente rachetable de 40 sols. Bail de 1629.

20 perches de pleux en bruyère sont données à cens et rente à Javinien le Poivre, tissier aux marais de Vimpelles, moyennant 5 deniers de cens l'arpent et 4 sols de rente seigneuriale. Bail de 1630.

22 perches et demie de terre aux Essarts sont données à cens et rente à Nicolas Guillot de Luisetaines, moyennant 1 denier de cens et 20 sols de rente seigneuriale non rachetable imprescriptible. Acte de 1739.

Comme baux proprement dits, nous trouvons, à la date du 13 décembre 1493, un bail de la ferme de Chollot que nous avons vu plus haut avoir été réunie au domaine de Sigy en 1607.

Cet acte en parchemin commence ainsi : «Savoir faisons que par devant Jehan Ricoul, clerc, tabellion juré, commis et installé à ce faire, en la dite chatellenie de Bray, de par le dit seigneur, fut présent en sa personne, Guillemin Rodier, laboureur, demeurant à présent à Servigny, le quel de

sa bonne volonté, sans aucune contrainte, reconnut et confessa avoir print
et retenu, et par ces présentes prent et retient à tiltre de moissonnage de
grains, de honorable homme et saige maistre Pierre Lhuillier, licencié en
lois, lieutenant de monseigneur le bailly de Sens et seigneur de la Bourbetière, près du petit Sigy, présent bailleur au dit tiltre, pour lui, ses hoirs
et ayant cause, aujourd'hui à la vie d'icelui Rodier, de Claudine sa femme
et de tous leurs enfants, nés et à naistre en loyal mariage et des enfants de
leurs enfants et aux survivants d'eux tous. »

Suit l'énumération des pièces dont le tout s'élève à 65 arpents. Cette contenance de 65 arpents se retrouve exactement dans l'acte par lequel, en 1607,
ainsi que nous l'avons vu plus haut, Antoine de Roux achète la ferme de
Chollot.

La durée de ce bail, qui doit comprendre trois générations, correspond
donc à peu près à un bail emphythéotique.

Le prix du bail est stipulé de la manière suivante : « Moyennant le prix et
quantité de 18 septiers de blé froment bon et convenable, à 12 deniers tournois
près chascun septier, obligé de lui fournir sa vie durant et celle de ses hoirs
et de lui rendre en ses greniers au dit Bray le jour et fête de Toussaint. » La
redevance était donc de trois dixièmes de septier par arpent, soit 60 litres.
On peut remarquer que la date de la livraison se trouve très rapprochée de
l'époque de la moisson. Aujourd'hui les payements se font à des époques
bien plus éloignées.

Une clause spéciale du bail stipule qu'au premier payement, la redevance
ne sera que de 10 septiers, ce qui fait supposer qu'au moment de la prise
des terres, elles étaient en assez mauvais état. Il est à remarquer aussi que
ce bail ne comprend que des terres sans aucune mention de bâtiments d'exploitation.

Nous ne trouvons, à partir du bail de 1493, en ce qui concerne la ferme
de Chollot, de documents certains qu'un acte du 5 février 1763, par lequel
Emmanuel de Roux donne à titre de loyer pour 3, 6 ou 9 ans à Claude
Noël la ferme de Chollot avec la quantité de 159 arpents de terre et 9 arpents de prez. Ce contrat présente tous les caractères d'un métayage. Il est
fait moyennant le tiers franc de toutes graines et menues graines, pois, fèves
et autre nature de grains qui pourraient être ensemencés sur les terres de
ladite ferme. Le propriétaire fournit au preneur trois chevaux, moyennant
le prix de 380 livres, payables par tiers pendant les trois premières années
du bail; il fournit également 400 bottes de foin, à raison de 15 livres le
cent; le propriétaire fournit également 14 vaches, se réservant la moitié
du croît.

En cas de mort d'une ou de plusieurs de ces vaches, le propriétaire peut
les remplacer; s'il ne le fait, le preneur est libre d'en acheter à son compte.
Les fumiers sont partagés dans une proportion déterminée; l'acte stipule
en outre des redevances en volailles, fromages et transports.

Cette convention faite, comme nous l'avons dit, pour 3, 6 ou 9 années ne dure que 3 ans; elle est remplacée par un bail à redevance fixe. Ce bail, en date du 16 juin 1766, est fait pour 9 années à partir du 1er mars 1767, à Joachin Gramin. Il contient la ferme de Chollot, plus le jardin et 1 arpent de chenevière, plus environ 80 arpents de terre, plus 3 arpents de prez, plus l'ancienne pépinière sise près le gué d'Abloy. Le prix est fixé comme suit : 4 bichets de blé froment et 4 bichets d'avoine, 4 bottes de paille de froment de 15 à 18 livres et 2 bottes de paille d'avoine de 20 à 22 livres, le tout par chaque arpent de terre, plus 2 bichets de blé froment pour chaque arpent de prez et l'arpent de chenevière. En sus du loyer ci-dessus, le preneur doit livrer chaque année 4 paires de chapons, 4 paires de poulets et 3 fromages à la crème au grand moule ou 3 livres pour chacun.

Ce bail, outre les conditions ordinaires qui se retrouvent encore aujourd'hui dans tous les baux, contient cette condition spéciale, que le preneur n'aura pas le droit d'avoir de troupeaux de moutons, le propriétaire se réservant pour lui seul le parcours de toute la terre.

Cette convention, pour des raisons qui nous échappent, ne s'exécute que pendant deux ans; en effet, le 8 mai 1768, un nouveau bail est passé à Edme Maquin, laboureur, demeurant à Jutigny. Dans ce nouvel acte, le payement en nature disparaît, le prix est payable en argent, plus les redevances. Le prix est fixé à 1,088 livres payables en deux termes. Le preneur déclare qu'il ne sait pas signer.

A la date du 5 juin 1779, nouveau bail passé à Jean-Baptiste Leclerc, moyennant 1,400 livres. Ce bail est renouvelé le 7 février 1786 aux mêmes conditions pour trois années.

Les relations entre fermier sortant et fermier rentrant, telles qu'elles sont stipulées dans ces baux, ressemblent identiquement à celles qu'on trouve dans les baux actuels, et donnent naissance aux mêmes contestations que nous voyons encore tous les jours aujourd'hui, comme on peut en juger par des pièces de procès qui ont passé entre nos mains.

Pour compléter l'histoire de la ferme de Chollot, nous dirons, en ce qui touche les bâtiments, que, dans le bail de 1493, les terres formant la ferme étaient louées sans bâtiments. L'acte d'acquisition de 1607 mentionne l'existence des bâtiments de ferme; ils avaient donc été construits dans l'intervalle qui sépare ces deux actes. Leur situation était assez éloignée de la plupart des terres qui formaient l'exploitation. Ils étaient à peu près abandonnés depuis plusieurs années lors du décès de René du Roux, en 1847. Ils ont été démolis en grande partie dans les années suivantes, et les terres rattachées à un nouveau corps de ferme construit dans le village de Sigy dans les années 1850 à 1855.

Le moulin actuel de Sigy avait été construit vers 1480; on trouve en effet, à la date du 19 avril de cette année, un bail à cens et rente de la place du Moulin de Valery et prez, à la charge d'y édifier un moulin moyennant

3 livres de rente et 5 deniers de cens, fait par Jean du Roux et autres à Jeoffrin Hollier et Jacques Carres; il ne devait s'agir sans doute que d'une réédification d'un ancien moulin qui avait été détruit précédemment, peut-être par les événements de guerre, car dans un aveu et dénombrement de 1411, soixante-neuf ans auparavant, il est fait mention d'un chemin passant au moulin de Valery.

En 1600, nous trouvons la mention suivante : «le dit moulin contient accint et jardin et 3 arpents d'enclos, rendait par semaine, auparavant ces guerres, froment 2 bichets, méteil 2 bichets, mouture 3 bichets, 1 porc valant 7 livres 10 sols, un gâteau de 1 écu et 6 chapons; mais, par le bail de l'an 1595 à l'issue de la guerre, doit par an 43 septiers, à savoir : 27 septiers méteil, 15 septiers mouture et 5 septiers froment, 12 poulets, 2 chapons et 1 gâteau. » Le montant de la redevance du moulin avait donc quelque peu diminué à la suite des guerres de religion.

Les documents relatifs au moulin sautent à 1738, où nous retrouvons un bail s'appliquant toujours au moulin, jardin, accint et trois arpents de prez. Ce bail est fait moyennant 46 septiers de grains, le tout bon grain loyal, plus un gâteau de 3 livres le jour des Rois, 12 chapons et 12 poulets. En 1754, nouveau bail contenant, outre les anciennes dépendances du moulin, 2 pièces de pâture et la quantité de 34 arpents 20 perches de terre labourable en plusieurs pièces. Le loyer annuel est de 868 bichets de grain mouture, bon et loyal, tel que le preneur le gagnera au moulin, à la condition qu'il n'y aura pas de grains d'avoine, vesces, pois ou lentilles, et 171 livres pour le loyer desdites terres, un gâteau de 3 livres, 12 chapons et 12 poulets.

En 1767, l'inventaire dressé à cette époque annonce le moulin de Valery, avec ses terres, loué exclusivement en argent, pour la somme de 620 livres.

En 1847, le moulin est toujours loué avec des terres, mais il n'entre, comme moulin, dans la somme totale que pour 300 francs. Il avait donc, comme usine, diminué considérablement de valeur, d'abord par la suppression du caractère de banalité en 1790. Plus tard la concurrence des grandes minoteries a réduit presque à rien le travail et par suite la valeur de ces petits moulins, dits *casse-noisettes*. Celui de Valery a fini par être supprimé, ainsi que beaucoup d'autres. La chute d'eau est aujourd'hui utilisée comme force motrice, par le fermier, qui l'applique, avec grand profit, à la mise en action de sa machine à battre et de la plupart des engins de sa ferme.

L'inventaire de 1767 constate en outre une location de 13 arpents 94 perches de terre et 3 arpents 27 perches de prez faite au sieur Charpillon, boucher à Donnemarie, moyennant 100 sols par arpent de terre et 20 livres par arpent de prez.

L'histoire de l'exploitation du domaine d'Abloy peut se confondre avec celle du domaine de Sigy proprement dit, et nous pouvons en exposer tous les détails que nous trouvons dans un document très curieux.

Un des propriétaires de Sigy, Jean du Roux, était mort en 1595, laissant son fils Antoine du Roux mineur ; le jeune homme atteignit sa majorité en 1600 ; un mémoire fut rédigé à cette époque pour le mettre au courant de sa situation. Était-ce par son tuteur, était-ce par quelque serviteur intelligent et dévoué? En tout cas, ce document présente le plus grand intérêt, car il expose d'une façon complète, minutieuse quelquefois, mais souvent pittoresque, tous les détails de l'administration et du ménage de la famille. Nous y avons déjà puisé pour tout ce qui concerne les baux à cens et le moulin.

En ce qui touche le domaine proprement dit, ce mémoire expose qu'il se compose de 600 arpents environ, dont 100 arpents en prez, 300 en terres et 290 arpents de bois. Chollot ne fut acheté que 6 ans plus tard.

Les prez sont en partie plantés d'aulnes et de saules pour 25 arpents, pour le surplus toutes les pièces sont simplement bordées d'aulnes et saules. «De ces deux sortes de bois, dit le mémoire, et non d'autres, on prend la fourniture et chauffage de la maison et se coupent les dits aulnes de 12 en 12 ans. Quant au surplus, les aulnes se débitent en cordes et en fagots qu'un marchand mène à Paris et le vend au faubourg (la dite rivière de Seine donnant cette commodité). Et les saules, au septième de tout l'ouvrage, sont fagots, paisseaux ou échalats et perches dont on fait des cercles à relier les tonneaux. La maison fournie, tant des aulnes pour chauffer que des dits saules pour usages sus-dits, le surplus se vend fort bien en cette contrée de vignoble, n'y ayant en l'enceinte sus-dite et cy-dessus spécifiée que les bois de Sigy et les aulnes.

«Et n'était crainte de bailler sujet de rire, on dirait qu'auparavant la guerre, on achetait même les chaumes, après la dépouille des blés, 40 et 50 sols l'arpent et une paire de poulets, les vignerons ramassant eux, ou pour chauffer les fours, ou pour faire litière à leur bestial. Tout sert en ménage.»

Après une énumération des différentes pièces de prés, le mémoire ajoute : «Presque tous ces prez sont consommés à la maison ou par les fermiers, quant il y a fermier»; ces derniers mots s'expliquent dans ce qui suit.

Terres labourables.

«Plus de 300 arpents départis en deux labourages, à savoir : six vingts arpents compris la maison d'Abloy, ferme bien logée et bien bâtie, et on y a un fort beau colombier à pied, et un buisson de 30 arpents qui se nombrera tantôt avec les autres bois; et environ 200 arpents pour celui de la maison (car il y a pour 3 charrues tant qu'elles pourront fournir), pour

lequel il y a au village une bonne ferme, avec un bel accint, contenant
2 arpents ou environ, chargé de plusieurs arbres fruitiers.

« Labourages qui, de mémoire d'homme et au-delà, ne furent jamais
donnés qu'à moitié : labourages même déchargés de droits moyennant
13 septiers de méteil. »

Ces 13 septiers représentent la dîme; ils sont attribuables, savoir, 6 septiers pour Abloy et 7 pour Sigy.

Les 6 septiers de dîme d'Abloy sont supportés moitié par le maître et moitié
par le fermier; les 7 septiers de Sigy sont supportés par le fermier seul.

Le fermier de Sigy reçoit, outre les terres labourables, 6 arpents de prez,
et celui d'Abloij 4 arpents de prez, plus 15 septiers tant méteil, seigle,
avoine. Le mémoire ajoute: « de sorte que la moitié de tout grains tant gros
que menus appartient au maître sans aucuns frais que forte petite récompense comme déjà est dit ».

Quelle pouvait être l'importance de cette moitié? Le mémoire ne donne
pas à ce sujet de chiffres qui puissent constituer une moyenne, mais il
indique quelques rendements qui peuvent n'être qu'exceptionnels : « Mainte
fois l'on a vu l'arpent de seigle estimé sur le pied de 10 septiers et plus.
Les métaux sont de très grand rapport et sont d'ordinaire estimés à 8 septiers et plus. » Si ces chiffres sont exacts, les rendements actuels ne dépas-
seraient guère ceux de 1600.

Le mémoire continue : « Celles fertilités ont toujours occasionné les seigneurs du dit Sigy de faire labourer par eux-mêmes leurs domaines (à
tout le moins celui de Sigy), et, de fait, le feu sieur de Sigy labourait et
cetuisy et celui d'Abloy lors de son décès qui fut l'an 1595..... Par quoi
ils ont toujours estimé d'avoir grand profit à labourer par eux-mêmes,
quand ce ne serait que pour exercer l'esprit de la maîtresse du logis. Comme
de fait celui du dit Sigy se laboure aujourd'hui entre les mains du maître;
ayant déchargé, par pitié et non pour autre sujet, le fermier du bail qu'il
avait de lui pour durer 3 ans, qu'il advoue avoir été 14 ou 15 mois ma-
lade, et fort mal secouru par sa femme. »

Le mémoire signale comme une source importante de revenus la récolte
des noyers dont « toutes les terres et les chemins sont bordés et en très
grande quantité. D'ordinaire les batteurs les battent au quart, l'autre quart
au fermier, la moitié au maître ». Aujourd'hui les noyers ont presque
disparu.

En ce qui touche le bétail, notre mémoire fournit les détails suivants :
« Faut noter que, tant au dit Sigy que par toutes ces maisons, il y a du
bestial gros et menu à moitié, excepté à Abloy; que les fermiers n'ont
jamais voulu prendre de brebis à moitié de croît, car ce fut à l'issue de la
guerre que furent obligés à ce. Mais ce qui leur aurait été donné a été mis
entre les mains de particuliers, de sorte qu'il y a en divers endroits plus de
six vingt brebis et chèvres, sans le croît : et au dit Sigy il y a à présent

plus de 2oo pièces tant mères qu'agneaux, sans nombrer l'autre bestail. »
Il résulte de l'examen de toutes les conditions de culture que nous venons
de parcourir, que l'exploitation du domaine de Sigy, lorsqu'elle n'était pas
faite directement par le maître, présentait un caractère qui se rapprochait
plus du métayage que du bail proprement dit, tel qu'il se pratique aujourd'hui exclusivement dans la contrée.

Vignes.

On remarque dans plusieurs endroits du mémoire l'importance qui s'at-
tachait alors à la culture de la vigne, dont il reste aujourd'hui dans ce pays
de si minces vestiges. Le domaine en contenait 8 arpents, dont 1 en dehors
du finage, donné à rente perpétuelle de 8 livres; les 7 autres étaient exploités directement; ils sont annoncés comme produisant de 18 à 2o muids
de vin par an. Quant à la qualité de ce vin, on lit dans le mémoire les
lignes suivantes qui aujourd'hui sembleraient difficilement pouvoir s'appli-
quer au vin de Brie. « L'on dira, mais avec vérité, que pour quelque com-
pagnie que l'on aie reçue pour quelconque occasion que ce ait été, jamais
on a su, jamais on a ouï dire que l'on ait cherché du vin hors le cru et
propriété de la maison et terres, et grâce à Dieu grandes, bonnes, et hono-
rables compagnies ont été maintefois reçues et festoyées en icelle. »

Bois.

Le domaine comprenait 2oo arpents de bois se coupant à 9 ans et sont
annoncés se vendre, à cet âge, 5o livres ou environ l'arpent, selon que les
taillis se trouvent plus ou moins chargés de chesneaux. Aujourd'hui ces
mêmes bois sont aménagés à 2o ans.

Nous arrêterons ici l'analyse du mémoire de 16oo, dont nous avons
reproduit les traits les plus saillants : on peut dire qu'il est difficile de ren-
contrer un tableau plus complet et plus saisissant, par sa naïveté, d'un inté-
rieur de propriétaire.

Il faut sauter jusqu'en 1657 pour retrouver un autre ensemble de documents sur la situation du domaine de Sigy. C'est un inventaire dressé après
le décès de Jean du Roux, marié à Françoise de Mascrani et fils d'Antoine
du Roux pour lequel avait été écrit le mémoire ci-dessus analysé. On va
voir par les énonciations de cet acte que les traditions de la famille avaient
été continuées.

En effet, nous trouvons que l'exploitation de la terre par le propriétaire
s'est toujours maintenue.

Elle embrasse environ 2oo arpents de terres labourables, non compris
les vignes et les prés. La sole des gros grains en terre est déclarée être de
64 arpents, celle des avoines également 64 arpents. Dans les greniers se

trouve la quantité de 3oo bichets de blé estimés 285 livres tournois, soit 19 sols le bichet, soit environ 5 francs l'hectolitre; et celle de 1,000 bichets de méteil estimés 700 livres tournois, soit 14 sols le bichet, soit environ 3 francs 5o l'hectolitre. Dans les bâtiments de la ferme, on constate la présence de 213 bêtes ovines, tant brebis que moutons, et de 66 agneaux, prisé et estimé le tout la somme de 95o livres tournois. Plus 12 vaches mères, 1 petite génisse de six semaines et 1 veau de huit jours, estimé le tout 33o livres tournois. Plus 2 génisses sous poil noir, estimées 20 livres tournois. Plus 18 grands cochons, tant mâles que femelles, plus 13 petits cochons de six semaines, estimés ensemble 15o livres.

Plus 4 chevaux de carrosse, estimés 8oo livres. Plus 2 chevaux de selle et une petite cavalle, estimés ensemble 35o livres tournois. Plus, pour la ferme, 5 cavalles, 4 poulains, estimés 35o livres tournois. Plus 2 chevaux, estimés la somme de 15o livres. Plus 3 pouliches et 1 poulain de 2 ans, estimé le tout 75 livres.

Plus 1o muids de vin vermeil du cru, estimés 20 livres tournois le muid. Plus deux mille et demi de foin en bottes, estimés 18o livres tournois.

Enfin une déclaration insérée à l'inventaire constate qu'il est dû pour la coupe des bois tant de Sigy que d'Abloy en 1656 la somme de 1,000 livres tournois.

De 1657 on saute à 1767, pour retrouver un nouvel inventaire ; c'est celui dressé à la mort d'Emmanuel du Roux; il va nous donner des détails exacts sur la situation du domaine. Nous y trouvons la ferme de Chollot dont nous avons parlé plus haut suffisamment.

Quant à la ferme dite de la basse-cour, elle contient toujours environ 200 arpents de terres labourables. Elle est exploitée directement par le maître. On constate dans les écuries la présence de 11 chevaux, dont 4 pour le service de la maison et 7 pour l'exploitation rurale, prisés ensemble 960 livres; 1o vaches et 1 taureau, estimés ensemble 513 livres.

Les grains trouvés dans les greniers sont estimés : l'orge 20 sols le bichet, l'avoine 15 sols, la vesce 25 sols; le foin est estimé 120 livres les mille bottes.

Après la reconstitution du domaine en 18o3 et 18o4 par René du Roux de Sigy, le propriétaire concentre dans sa main toute l'exploitation directe de la totalité du domaine, à l'exception d'une dizaine d'hectares distribués en petites locations.

On peut juger de l'importance et de la bonne tenue de cette exploitation, embrassant 14o hectares de terre, par le nombre d'animaux dont la présence est constatée dans l'inventaire dressé à son décès en 1847. On trouve en effet 2oo brebis, 119 moutons, 33 béliers et 115 agneaux; total, 467 bêtes ovines, 16 vaches et 9 chevaux.

Les terres louées en détail le sont à 1oo francs l'hectare.

Un fait important à signaler dans l'historique de l'exploitation du domaine, c'est qu'une partie considérable des terres d'Abloy avait été plantée en bois, au commencement du xviiie siècle (environ 100 arpents = 42 hectares). C'est ce qui explique la différence dans les quantités respectives de bois et de terres énoncées dans les actes de 1600 et dans ceux de 1767. Ces bois ont été défrichés et rendus à la culture en 1855 ; c'est ce qu'on peut appeler un assolement à long terme. Le revenu de ces bois, au moment du défrichement, pouvait être estimé 50 francs l'hectare; la terre est louée aujourd'hui 100 francs l'hectare. L'opération a donc réussi. Mais pour n'induire personne en erreur, il est bon d'ajouter que de tous les nombreux défrichements pratiqués dans la contrée, celui-là est peut-être le seul qui ne soit pas regretté par les propriétaires.

§ IV.— Indications des charges réelles tant actives que passives profitant au domaine, ou le grevant.

Nous avons vu que le domaine de Sigy relevait en plein fief de celui de Plessis-Pailly, qui lui-même relevait de la tour de Bray. La série des actes de foi et hommages et celle des aveux et dénombrements établissent que les seigneurs de Sigy ne prêtaient que le serment de fidélité sans aucune redevance pécuniaire : le domaine était seulement soumis aux payements des droits dits lots et ventes dus à l'occasion de certaines mutations; on n'en trouve pas trace lors des transmissions en ligne directe, mais, le domaine ayant passé en ligne collatérale en 1686 de Barthélemy du Roux à son frère Armand Herménégilde, on trouve une quittance portant que le duc de Choiseuil, seigneur du Plessis-Pailly, s'est contenté pour le droit de relief dû à cause de la succession collatérale, de la somme de 1,100 livres. La pièce n'indique ni la valeur du domaine ni le taux des droits exigés.

Des droits étaient également dus en cas de vente, car on trouve dans la vente de 1445, faite par Denys de Chailly à Antoine du Roux, cette clause finale : «Ledit seigneur de Chailly s'est obligé acquitter ledit seigneur du Roux de tous droits seigneuriaux et féodaux de quint et requint et autres droits envers les seigneurs dont sont mouvants lesdits biens.»

Les seigneurs de Sigy devaient évidemment le service militaire, car on trouve à la date de 1593 plusieurs lettres successives, signées Henry, dispensant le sieur de Sigy du service à cause de son indisposition.

Les fiefs se trouvant dans la mouvance féodale de Sigy étaient la Bourbetière, Villnavotte, et pour moitié le fief dit des *cinq quartiers*, duquel relevaient à leur tour Beaulieu, le petit Changy et Parousot.

Les actes de foy et hommage et les aveux et dénombrements rendus au seigneur de Sigy ne portent pas trace de redevance.

Quant aux censives, nous en avons parlé en détail au paragraphe précédent.

Les terres situées dans l'étendue de la justice de Sigy étaient en outre
soumises à une redevance de cinq deniers tournois pour chacun arpent portant lots et ventes et relots. Le mémoire de 1600, dont nous avons déjà
parlé, estime ce revenu annuel à la somme de 31 livres. Dans un aveu et
dénombrement de 1411, il est estimé à 10 sols tournois par an. Quant à la
valeur en capital du droit de justice haute, moyenne et basse, nous l'avons
trouvée appréciée dans le partage de 1361 à 66 sols tournois.

Quant à la dîme, le domaine de Sigy y était soumis : nous voyons dans
le mémoire de 1600 qu'elle avait été fixée à forfait d'une façon permanente
à une redevance de 13 septiers de méteil, rachetant ainsi la redevance
non seulement pour les terres labourables, mais aussi pour les prez et pour
les vignes.

§ V.

Le programme indique comme dernier point à traiter la détermination
de la condition matérielle des familles de propriétaires qui, aux différentes
époques, ont habité le domaine, et aussi la disposition de leurs demeures
avec ses dépendances et la disposition des bâtiments de ferme.

En ce qui touche le premier point, les détails, peut-être minutieux, dans
lesquels nous sommes entrés dans le cours de ce mémoire, semblent avoir
répondu suffisamment à la question. C'est peut-être ici le lieu de remarquer l'influence qu'a eue sur les destinées du domaine de Sigy cette possession, pendant quatre siècles, de la terre par la même famille. Si on ajoute
que les propriétaires y ont toujours résidé, qu'ils en ont toujours exploité
par eux-mêmes une partie plus ou moins considérable, on y trouvera un
nouveau témoignage de l'heureuse influence qu'exercent l'action personnelle
et la présence du propriétaire sur sa terre.

En ce qui touche la disposition de l'habitation et des bâtiments de la
ferme, nous avons vu que, dès l'an 1312, date de l'acte le plus ancien que
nous ayons pu analyser, il existait une enceinte environnée de fossés et flanquée, pour la défense, de quatre petites tours aux quatre coins. Cette
enceinte devait contenir un château fort, qui dut être détruit durant la
guerre de Cent ans, car dans l'acte de 1433 portant vente de Sigy, par
Giles Berthe, au capitaine anglais Thomas Gérard, nous trouvons l'indica-
tion suivante : «La place et les masures de Sigy, où naguerre soulait avoir
chastel forteresse, enclos de murs avec les fossez à eau qui sont autour et
à l'environ d'icelle place.» Thomas Gérard devait la bien connaître, car
c'était sans doute lui qui en avait fait le siège et qui l'avait détruite.

L'histoire du Montois, par M. Delettre, attribue la défense de Sigy à Antoine du Roux, que nous avons vu plus haut en devenir acquéreur en 1455
et y établir sa famille; l'auteur ne dit pas où il a puisé ce renseignement.
Nous n'avons trouvé dans les archives de Sigy aucun document qui fasse
mention de la participation d'Antoine du Roux à cette action de guerre.

Devenu propriétaire en 1455, il dut relever le château de ses ruines, mais il n'en changea pas les dispositions principales, qui se retrouvent encore aujourd'hui. Le mémoire de 1600 donne l'historique des modifications qu'a subies l'habitation dans le courant du xvi° siècle. Nous ne pouvons mieux faire que d'en transcrire ce passage.

« Le château et maison forte dudit Sigy contenant en ung seul enclos et motte carrée plus toutefois long que large, fermée de bonnes murailles et d'un ample fossez, tant de logis et tels qu'il y a pour loger en nécessité (comme on l'a éprouvé ces années dernières), la dépouille de plus de 200 arpents de tous grains, du rapport qui se dira en son ordre et sans laquelle il y a deux bonnes fermes pour l'effet susdit.

« Escuries pour plus de quarante chevaux et autres logis pour plus de trois cents bestes blanches, sans les agneaux et grande quantité de bestes annuelles.

« Pressoir, vinée et tous autres logis pour la nécessité d'un grand ménage, greniers, tant pour les grains que pour mettre à couvert la provision de foin.

« Toute cette closture flanquée des trois tours qui servent de colombier, sous lesquels il y a d'autres estages pour autres commodités. Tout ceci contemplé d'une seule vue de la chambre du maistre qui, d'une autre, regarde sur l'avenue de sa porte, par laquelle seule tout entre et sort en cette grande cour. Au quatrième coin, fut pratiqué par l'ayeule du sieur de Sigy présent, un bastiment hors dudit carré afin de donner à ses amis de plus agréables vues que celle d'une cour, auquel il y a une belle et grande salle ayant en ses longueurs et largeurs 32 et 28 pieds dans œuvre, laquelle regarde sur les jardins et vergers d'une part, et de l'autre sur cet ample fossez ayant 80 pieds de face et de telle longueur qu'il se peut conjecturer, puisque cette court a encores, oultre tous ces bastiments, 32 toises et plus de longueur, et au-delà du fossez on voit une belle aulnaie ou un costeau de vignes.

« Fossé qui a été nettoyé et aprofondi par avant ces troubles derniers, durant quel mesnage le feu sieur de Sigy fit jetter les fondements et iceulx élever hors de l'eau, d'une belle et spatieuse tour; laquelle flanquera l'advénue de la porte, deffendra cette salle et logis qui est audessus accompagnées de belles chambres, qu'il ne put mener à fin pour accident de feu qui lui brusla ung vieil édifice au lieu duquel il a rebasti mieux, l'ayant même élargi du costé du fossez et le tout rendu couvert. On y trouvera une belle cuisine accompagnée de ses fours, garde-mangers et lardier, et audessus belles chambres et grenier et un escalier parfait qui abreuve tout le logis, tant ancien que nouveau.

« Item que, durant qu'il faisait nettoyer ledit fossez. l'on descouvrit que l'une des tours menaceait une ruine toute évidente... fallut destourner tout autre desseing et a été reprise dès les fondements et conduite au comble ayant assez fait de son temps, prévenu qu'il a esté de ces misérables guerres et de la mort tout au commencement de son an cinquante-cinquième. »

La grosse tour, achevée sous Henri IV, a complété le château tel qu'il existe aujourd'hui, sans changements.

Quant aux bâtiments de ferme, ils étaient restés jusqu'à ces dernières années dans les mêmes conditions, toujours renfermés dans l'enceinte des fossés, et desservis par l'entrée unique qui passait sous la chambre du maître.

Mais, en 1868, leur état de vétusté exigeant, après tant de siècles, une reconstruction complète, ils ont été démolis et une ferme nouvelle a été construite en un lieu plus approprié à l'exploitation rurale. L'habitation y a gagné comme agrément, mais le caractère de l'ancien manoir renfermant dans la même enceinte maîtres et troupeaux n'existe plus.

Nous sommes arrivés à la fin de cette étude rétrospective peut-être trop longue, mais nous n'avons voulu négliger aucun des nombreux documents que nous offraient les archives de Sigy.

Il ne nous reste plus qu'à souhaiter aux futurs propriétaires de ce domaine le même esprit de conduite, de prudence et de sagesse dont ils auront trouvé l'exemple chez leurs prédécesseurs.